Iris Rüberga

BASISCHES

EXPRESS KOCHBUCH

Alle Ratschläge in diesem Buch wurden vom Autor und vom Verlag sorgfältig erwogen und geprüft. Eine Garantie kann dennoch nicht übernommen werden. Eine Haftung des Autors beziehungsweise des Verlags für jegliche Personen-, Sach- und Vermögensschäden ist daher ausgeschlossen.

Email: info@edition-lunerion.de
www.edition-lunerion.de

Psiana eCom UG
Berumer Str. 44
26844 Jemgum

Vorwort

Ihre Ernährung geht eher Richtung Fastfood und sorgt für ein deutliches Säure-Übergewicht? Sie möchten sich in Ihrem Körper endlich wieder rundum wohlfühlen, aber dabei keine Genuss-Abstriche machen? Und das Ganze muss zu Ihrem vollen Terminkalender passen? Dann ist dieses Kochbuch genau das Richtige für Sie!

Hochverarbeitete Lebensmittel, viel Fleisch, dazu reichlich Zucker – unsere moderne Ernährungsweise sorgt bei der Verstoffwechselung leider für üppigen Basenüberschuss und damit einhergehende Beschwerden wie Abgeschlagenheit, Hautprobleme oder Verdauungsstörungen. Doch zum Glück ist es gar nicht schwer, wieder in ein gesundes Gleichgewicht zu kommen, und mit basischer Ernährung klappt das ganz einfach. Die Rezepte in diesem Buch sind sorgfältig so ausgewählt, dass sie zu einem optimal ausgeglichenen Säure-Basen-Haushalt verhelfen und dabei auf frische, gesunde und ausgewogene Zutaten setzen. Noch dazu ist das Ganze unschlagbar lecker: Von basischen Frühstücksideen über knackige Salate, aromatische Suppen und feine Snacks bis hin zu köstlichen Veggie-, Fisch- und Fleischgerichten entdecken Sie hier gesunde Schlemmereien für jeden Geschmack – und auch Naschkatzen läuft bei verführerischen Desserts und Getränken das Wasser im Mund zusammen.

Guten Appetit!

INHALT

Einstieg in die basenreiche Ernährung

Das Geheimnis eines gesunden Lebens liegt oft in den einfachen Dingen – frischer Luft, ausreichender Bewegung, positiven Beziehungen und natürlich einer ausgewogenen Ernährung. Das Konzept der basenreichen Ernährung, das im Zentrum dieses Buches steht, bietet einen faszinierenden Ansatz, um das Beste aus der Ernährung herauszuholen.

Jeder Leser, der dieses Buch aufschlägt, betritt eine neue Welt der Möglichkeiten. Eine Welt, in der es nicht nur darum geht, was auf dem Teller liegt, sondern auch darum, wie dieses Essen den Körper von innen heraus beeinflusst. Das hier dargebotene Wissen ist das Resultat jahrelanger Forschung, Erfahrung und leidenschaftlichen Interesses an der Wirkung, die unsere Ernährung auf uns hat. Das Hauptaugenmerk liegt auf dem Konzept der basenreichen Ernährung – eine Philosophie, die sich darauf konzentriert, den Körper ins Gleichgewicht zu bringen, indem sie Säuren und Basen in Balance hält. Es ist ein Konzept, das den Körper nicht nur ernährt, sondern auch heilt und revitalisiert.

Die basenreiche Ernährung ist keine kurzlebige Diät, sondern eine langfristige Ernährungsstrategie, die darauf abzielt, das allgemeine Wohlbefinden zu steigern. Sie ist flexibel, vielseitig und kann auf jeden individuellen Lebensstil zugeschnitten werden. Sie ist nicht dogmatisch, sondern eher ein

Leitfaden, der hilft, bewusstere Entscheidungen in Bezug auf die Ernährung zu treffen. Das vorliegende Buch dient als hilfreicher Begleiter auf dem Weg zu einer basenreichen Ernährung. Es ist prall gefüllt mit leckeren Rezepten, die den Körper nähren und das Gleichgewicht von Säuren und Basen fördern. Darüber hinaus enthält es eine Fülle von Informationen über die Theorie und Praxis der basenreichen Ernährung, die dazu beitragen, das Verständnis für diese Ernährungsform zu vertiefen. Letztlich geht es bei diesem Buch nicht nur um Ernährung, sondern um eine umfassendere Betrachtung von Gesundheit und Wohlbefinden. Es geht um eine Veränderung des Lebensstils und des Denkens – um ein tieferes Bewusstsein für das, was dem Körper guttut und was nicht. Auf den folgenden Seiten erwartet Sie eine Fülle von Erkenntnissen, Inspirationen und Ideen. Ob Neuling in der Welt der basenreichen Ernährung oder erfahrener Praktiker, dieses Buch hält für jeden etwas bereit. Es ist eine Einladung, den eigenen Weg zu einer gesünderen und zufriedeneren Lebensweise zu entdecken.

Dieses Buch ist ein Anfang. Ein erster Schritt auf einer Reise zur Verbesserung der Gesundheit und des Wohlbefindens. Es ist ein Kompass, der den Weg zu einer ausgewogeneren und vitalisierenden Ernährungsweise weist. Viel Freude beim Entdecken eines neuen Lebensstils.

WAS IST EINE BASENREICHE ERNÄHRUNG?

Bei der basenreichen Ernährung handelt es sich um eine Ernährungsform, die dazu beiträgt, den Säure-Basen-Haushalt im Körper auszugleichen. In unserem Körper finden ständig Stoffwechselvorgänge statt, bei denen Säuren und Basen entstehen. Ein gesunder Körper ist in der Lage, diese beiden Elemente in einem ausgewogenen Verhältnis zu halten, bekannt als der pH-Wert. Ein optimaler pH-Wert liegt im leicht basischen Bereich.

Die moderne Ernährungsweise jedoch, die häufig durch den Konsum von verarbeiteten Lebensmitteln, Fleisch, Käse und Zucker gekennzeichnet ist, kann zu einer Übersäuerung des Körpers führen, da diese Nahrungsmittel überwiegend säurebildend sind. Hier setzt die basenreiche Ernährung an, indem sie den Fokus auf den Verzehr von Lebensmitteln legt, die bei der Verstoffwechselung Basen bilden. Hierzu zählen insbesondere Obst, Gemüse, Kräuter, Samen und Nüsse.

Eine basenreiche Ernährung bedeutet jedoch nicht, säurebildende Lebensmittel völlig zu meiden. Vielmehr geht es um ein ausgewogenes Verhältnis und das Streben nach einer Ernährungsweise, die den Körper in seiner natürlichen Fähigkeit unterstützt, ein gesundes Gleichgewicht zwischen Säuren und Basen aufrechtzuerhalten.

In diesem Sinne ist die basenreiche Ernährung kein starres Ernährungsregime, sondern eine flexible, ganzheitliche Herangehensweise an die Ernährung. Sie ermutigt zu bewussteren Entscheidungen bei der Auswahl der Lebensmittel und legt Wert auf Qualität, Natürlichkeit und Frische. Damit trägt sie dazu bei, das allgemeine Wohlbefinden zu verbessern, das Energieniveau zu erhöhen und die langfristige Gesundheit zu fördern.

DER NUTZEN EINER BASENREICHEN ERNÄHRUNG FÜR DIE GESUNDHEIT

Eine basenreiche Ernährung bringt zahlreiche gesundheitliche Vorteile mit sich, die weit über die reine Regulierung des Säure-Basen-Haushalts hinausgehen. In erster Linie fördert sie die allgemeine Gesundheit und Vitalität, da die bevorzugten Nahrungsmittel in der Regel reich an Vitaminen, Mineralstoffen und Ballaststoffen sind.

Erste Anzeichen einer Übersäuerung des Körpers können vielfältig sein und reichen von Müdigkeit und Abgeschlagenheit über Hautprobleme bis hin zu Verdauungsbeschwerden. Durch die Umstellung auf eine basenreiche Ernährung können diese Symptome gemildert oder gar beseitigt werden. Eine ausgewogene Säure-Basen-Balance wirkt sich zudem positiv auf das Immunsystem aus und kann das Risiko für verschiedene Erkrankungen reduzieren.

Darüber hinaus kann sie einen wichtigen Beitrag zur Gewichtsregulierung leisten. Da basische Lebensmittel in der Regel einen geringen Energiewert haben und zugleich sättigend wirken, kann eine basenreiche Ernährung helfen, das Körpergewicht zu kontrollieren und die Gewichtsabnahme zu fördern.

Ebenso kann eine basenreiche Ernährung positive Effekte auf das Muskel-Skelett-System haben. Ein ausgewogener Säure-Basen-Haushalt hilft dabei, die Struktur und Funktion der Knochen zu erhalten, und kann vor Osteoporose schützen.

Auch auf das Herz-Kreislauf-System kann sich eine basenreiche Ernährung positiv auswirken. Eine gesunde Balance zwischen Säuren und Basen im Körper kann das Risiko für Herzerkrankungen senken, indem sie die Gesundheit der Blutgefäße fördert und den Blutdruck reguliert.

Schließlich trägt eine basenreiche Ernährung zu mentaler Klarheit und verbessertem Wohlbefinden bei. Ein ausgewogener Säure-Basen-Haushalt kann zur Verbesserung der Stimmung und zur Verringerung von Stress und Angst beitragen.

Letztendlich bietet diese Ernährungsweise einen ganzheitlichen Ansatz zur Verbesserung der Gesundheit auf vielen Ebenen. Indem sie das Gleichgewicht des Körpers fördert und seine natürlichen Heilungsprozesse unterstützt, kann sie dazu beitragen, das Potenzial für ein langes, gesundes und erfülltes Leben zu maximieren.

DER SÄURE-BASEN-HAUSHALT IM KÖRPER: EIN KURZER EINBLICK

Unser Körper verfügt über erstaunliche Regulierungsmechanismen, die ständig arbeiten, um ein stabiles internes Umfeld aufrechtzuerhalten, unabhängig von den wechselnden Bedingungen außerhalb. Eines dieser Gleichgewichte, die unser Körper ständig aufrechterhält, ist der Säure-Basen-Haushalt.

Dieser Haushalt stellt sicher, dass das Blut immer einen nahezu neutralen pH-Wert hat, d. h., es ist weder zu sauer noch zu basisch. Der pH-Wert misst, wie sauer oder basisch eine Lösung ist und reicht von 0 (sehr sauer) bis 14 (sehr basisch). Das Blut des menschlichen Körpers hat idealerweise einen pH-Wert zwischen 7,35 und 7,45, was leicht basisch ist.

Säuren und Basen entstehen im Körper als natürliche Nebenprodukte verschiedener Stoffwechselprozesse. Zum Beispiel wird Kohlendioxid, eine schwache Säure, bei der Zellatmung produziert und vom Körper über die Lunge abgeatmet. Einige der Lebensmittel, die wir konsumieren, können jedoch den Säure-Basen-Haushalt des Körpers beeinflussen.

Während der Verdauung werden alle Nahrungsmittel, die wir zu uns nehmen, in den Magen und Darm abgebaut und ihre Bestandteile werden ins Blut aufgenommen. Einige Lebensmittel, wie Fleisch und Getreide, neigen dazu, Säure zu bilden, während andere, wie Obst und Gemüse, dazu neigen, Basen zu bilden. Ein Überwiegen von säurebildenden Lebensmitteln in der Ernährung kann dazu führen, dass der Körper härter arbeiten muss, um das Säure-Basen-Gleichgewicht zu erhalten.

Die Nieren spielen eine Schlüsselrolle bei der Regulierung des Säure-Basen-Haushalts. Sie tun dies, indem sie überschüssige Säuren im Urin ausscheiden und Bicarbonat, eine Base, ins Blut abgeben. Wenn der Körper jedoch über einen längeren Zeitraum zu viele Säuren produziert, kann es für die Nieren schwierig werden, Schritt zu halten, und es kann zu einer Übersäuerung des Körpers kommen. Diese Übersäuerung kann zu gesundheitlichen Problemen führen, von denen einige bereits in den vorherigen Abschnitten diskutiert wurden.

Eine basenreiche Ernährung kann dazu beitragen, dieses Gleichgewicht wiederherzustellen und zu erhalten, indem sie den Verzehr von basischen Lebensmitteln fördert und somit die Säurelast verringert, die der Körper bewältigen muss. Auf diese Weise unterstützt sie den Körper in seiner natürlichen Fähigkeit, einen gesunden pH-Wert aufrechtzuerhalten.

Die Grundlagen

WELCHE LEBENSMITTEL SIND BASISCH, WELCHE SIND SAUER?

Um eine Ernährung zu unterstützen, die den Säure-Basen-Haushalt fördert, ist es nützlich, ein klares Verständnis davon zu haben, welche Lebensmittel als basisch und welche als sauer eingestuft werden. Basische Lebensmittel sind in der Regel pflanzliche Produkte, die eine Vielzahl von Mineralien enthalten. Obst und Gemüse fallen in diese Kategorie, insbesondere Blattgemüse, Wurzelgemüse, Zitrusfrüchte, Bananen, Beeren, Äpfel, Ananas, Avocados, Tomaten, Gurken, Sellerie und viele andere. Hülsenfrüchte, Nüsse und Samen gelten auch als basische Lebensmittel, ebenso wie einige Getreidesorten, wie zum Beispiel Hirse und Quinoa.

Gleichzeitig sind viele tierische Produkte und einige pflanzliche Lebensmittel sauer. Fleisch, Fisch, Geflügel, Eier und Milchprodukte fallen in diese Kategorie. Getreideprodukte, insbesondere diejenigen aus raffiniertem Weißmehl, sowie bestimmte Nüsse und Hülsenfrüchte, einschließlich Erdnüssen und Linsen, werden auch als sauer eingestuft. Kaffee, Alkohol und Zucker sind ebenfalls säurebildende Substanzen.

Darüber hinaus bedeutet die Klassifizierung eines Lebensmittels als sauer oder basisch nicht, dass es die gleiche Wirkung auf jeden Menschen hat. Der Stoffwechsel ist ein hochkomplexer Prozess, der von vielen Faktoren beeinflusst wird, einschließlich genetischer Unterschiede. Daher kann die Wirkung eines bestimmten Lebensmittels auf den Säure-Basen-Haushalt von Person zu Person variieren. Es ist immer ratsam, auf die Signale des eigenen Körpers zu hören und gegebenenfalls die Ernährung entsprechend anzupassen.

WIE MAN DEN SÄURE-BASEN-HAUSHALT MISST

Der Säure-Basen-Haushalt des Körpers spielt eine wichtige Rolle für unsere Gesundheit und unser Wohlbefinden. Aber wie kann man ihn messen? Es gibt verschiedene Möglichkeiten, dies zu tun, und sie können uns wertvolle Informationen über unseren aktuellen gesundheitlichen Zustand liefern.

Eine gängige Methode zur Messung des Säure-Basen-Haushalts ist der Urin-pH-Test. Dabei wird der pH-Wert des Urins gemessen, um einen allgemeinen Überblick über den Säure-Basen-Haushalt des Körpers zu erhalten. Diese Methode ist relativ einfach durchzuführen und erfordert nur einen speziellen Teststreifen, den man in einer Apotheke oder online kaufen kann. Man sollte jedoch beachten, dass der pH-Wert des Urins im Laufe des Tages schwankt und von vielen Faktoren, wie der Ernährung und Flüssigkeitsaufnahme, beeinflusst wird. Daher sollten die Testergebnisse als grobe Richtlinie und nicht als absolute Wahrheit betrachtet werden.

Ein weiterer Weg, um den Säure-Basen-Haushalt zu bestimmen, ist die Messung des Blut-pH-Werts. Dieser Test ist genauer als der Urin-pH-Test, sollte jedoch von medizinischem Fachpersonal durchgeführt werden, da er eine Blutentnahme erfordert. Der normale pH-Wert des Blutes liegt zwischen 7,35 und 7,45, wobei Werte unter 7,35 auf eine Übersäuerung (Acidose) und Werte über 7,45 auf eine Überbasenbildung (Alkalose) hinweisen.

Schließlich gibt es die Atemgasanalyse, eine neuere Methode, die das in der Ausatmungsluft enthaltene Kohlendioxid misst. Da Kohlendioxid ein saures Produkt des Stoffwechsels ist, kann seine Menge in der Ausatmungsluft Aufschluss über den Säure-Basen-Haushalt geben.

Es ist wichtig, zu betonen, dass diese Tests nur Momentaufnahmen darstellen und der Säure-Basen-Haushalt des Körpers ständig im Wandel ist. Eine ausgewogene Ernährung und ein gesunder Lebensstil tragen wesentlich dazu bei, diesen Haushalt im Gleichgewicht zu halten.

Alltagstipps

ANFÄNGERLEITFADEN: WIE MAN EINE BASENREICHE ERNÄHRUNG BEGINNT

Der Einstieg in eine basenreiche Ernährung kann anfangs eine Herausforderung sein, insbesondere, wenn man sich bisher eher unausgewogen ernährt hat. Hier sind einige hilfreiche Schritte, um diesen Übergang zu erleichtern:

Schritt 1: Lernen und Verstehen

Bevor man mit einer Umstellung der Ernährung beginnt, ist es wichtig, sich über die Grundlagen der basenreichen Ernährung zu informieren. Verstehen Sie, welche Lebensmittel als basisch oder sauer eingestuft werden und warum. Dieses Wissen wird helfen, informierte Entscheidungen zu treffen und die Ernährungsumstellung erfolgreich zu gestalten.

Schritt 2: Schrittweise Umstellung

Eine radikale Ernährungsumstellung kann schwer durchzuhalten sein. Beginnen Sie stattdessen schrittweise, indem Sie nach und nach mehr basische Lebensmittel in Ihre Ernährung einbauen und saure Lebensmittel reduzieren. Ziel ist es, eine ausgewogene Ernährung zu erreichen, die hauptsächlich, aber nicht ausschließlich, aus basischen Lebensmitteln besteht.

Schritt 3: Planen und Vorbereiten

Planen Sie Ihre Mahlzeiten im Voraus. Das hilft dabei, gesunde Entscheidungen zu treffen und sich an die basenreiche Ernährung zu halten. Bereiten Sie Ihre Lebensmittel so weit wie möglich selbst zu, um Kontrolle über die Zutaten zu haben und Zusatzstoffe zu vermeiden.

Schritt 4: Trinken Sie viel Wasser

Wasser ist essenziell für die Regulierung des Säure-Basen-Haushalts. Trinken Sie regelmäßig und ausreichend, vorzugsweise stilles Wasser, Kräutertees oder verdünnte Gemüsesäfte.

Schritt 5: Regelmäßige Bewegung

Auch körperliche Aktivität kann den Säure-Basen-Haushalt positiv beeinflussen, indem sie die Ausscheidung von Säuren über die Atmung und den Schweiß fördert. Finden Sie eine Sportart, die Ihnen Spaß macht und in Ihren Alltag passt.

Schritt 6: Hören Sie auf Ihren Körper

Jeder Körper reagiert anders auf Veränderungen in der Ernährung. Beobachten Sie, wie Ihr Körper auf die basenreiche Ernährung reagiert, und passen Sie sie gegebenenfalls an. Wenn Sie sich unsicher sind, suchen Sie Rat bei einem Ernährungsberater oder Arzt.

Denken Sie daran, dass der Übergang zu einer basenreichen Ernährung kein schneller Prozess ist. Es erfordert Geduld und Engagement, aber die potenziellen gesundheitlichen Vorteile sind es wert. Mit Zeit und Übung wird die basenreiche Ernährung zur Gewohnheit und Teil eines gesunden Lebensstils.

BASISCHE MAHLZEITENPLANUNG UND EINKAUFSTIPPS

Eine basenreiche Ernährung zu verfolgen, erfordert einiges an Planung und Vorbereitung. Die folgenden Ratschläge können Ihnen dabei helfen, Ihre Mahlzeiten im Voraus zu planen und Ihre Einkäufe entsprechend zu gestalten:

1. Mahlzeiten im Voraus planen

Nehmen Sie sich Zeit, um Ihre Mahlzeiten für die Woche zu planen. Überlegen Sie, welche basenreichen Lebensmittel Sie gerne essen würden und welche Rezepte Sie ausprobieren möchten. Eine gründliche Planung hilft dabei, die Ernährung abwechslungsreich und interessant zu gestalten, und vermeidet spontane, ungesunde Entscheidungen.

2. Basische Lebensmittelliste

Erstellen Sie eine Liste von basischen Lebensmitteln, die Sie gerne essen und die regelmäßig in Ihrer Ernährung vorkommen sollten. Dazu könnten Gemüse, Obst, Nüsse, Samen, bestimmte Getreidearten und Hülsenfrüchte gehören. Diese Liste kann Ihnen als Orientierungshilfe beim Einkaufen dienen.

3. Vermeiden Sie verarbeitete Lebensmittel

Verarbeitete Lebensmittel enthalten oft versteckte Säuren und Zusatzstoffe. Versuchen Sie, so oft wie möglich frische, unverarbeitete Lebensmittel zu kaufen und Ihre Mahlzeiten selbst zuzubereiten.

4. Wählen Sie Bio-Produkte

Wenn möglich, wählen Sie Bio-Lebensmittel. Sie sind frei von Pestiziden und anderen Chemikalien, die den Säure-Basen-Haushalt beeinflussen können.

5. Lesen Sie die Etiketten

Lesen Sie die Nährwert- und Zutatenetiketten sorgfältig durch. Vermeiden Sie Lebensmittel, die Zucker, Konservierungsstoffe und andere saure Zusätze enthalten.

Basenreiche Ernährung als Lebensstil

VERBINDUNG VON BASENREICHER ERNÄHRUNG UND BEWEGUNG

Gesundheit ist nicht nur eine Frage der Ernährung. Bewegung spielt eine ebenso wichtige Rolle für ein vitales und ausgeglichenes Leben. Die Verbindung von basenreicher Ernährung und körperlicher Aktivität kann eine starke Symbiose eingehen, die die allgemeine Gesundheit und das Wohlbefinden steigert.

1. Säureabbau durch Bewegung

Bewegung fördert die Durchblutung und den Stoffwechsel, wodurch Säuren effektiver abgebaut und ausgeschieden werden können. Insbesondere Ausdauersportarten wie Laufen, Radfahren oder Schwimmen haben eine entsäuernde Wirkung und tragen zur Regulierung des Säure-Basen-Haushalts bei.

2. Basenbildung durch Atmung

Durch die Atmung gelangt Sauerstoff in den Körper und Kohlendioxid wird abgegeben. Eine tiefe und bewusste Atmung kann dazu beitragen, den Säure-Basen-Haushalt zu optimieren, da Kohlendioxid eine Säure ist, die durch die Atmung abgegeben wird.

3. Reduzierung von Stress

Bewegung hilft, Stress abzubauen, der sich negativ auf den Säure-Basen-Haushalt auswirken kann. Aktivitäten wie Yoga, Pilates oder Tai-Chi können dabei helfen, den Körper zu entsäuern und gleichzeitig die innere Ruhe und Gelassenheit zu fördern.

4. Stärkung des Immunsystems

Sowohl eine basenreiche Ernährung als auch regelmäßige körperliche Aktivität stärken das Immunsystem. Sie wirken entzündungshemmend und unterstützen den Körper bei der Abwehr von Krankheitserregern.

Die Kombination von basenreicher Ernährung und regelmäßiger Bewegung bietet somit ein wirksames Duo zur Förderung der Gesundheit und Vitalität. Es geht darum, einen gesunden Lebensstil zu pflegen, der das Gleichgewicht von Säuren und Basen im Körper unterstützt.

BASISCHE ERNÄHRUNG UND MENTALES WOHLBEFINDEN

Die Rolle der Ernährung auf unser physisches Wohlbefinden ist weitgehend anerkannt. Allerdings ist sie ebenso entscheidend für unser mentales Wohlbefinden. Eine basenreiche Ernährung kann zur Verbesserung der mentalen Gesundheit beitragen, da sie den Körper und den Geist in Balance bringt.

Die Einnahme von zu vielen säurebildenden Lebensmitteln kann eine Reihe von Symptomen verursachen, die sich negativ auf die geistige Gesundheit auswirken. Dazu gehören unter anderem Erschöpfung, Konzentrationsschwierigkeiten und eine verminderte Stresstoleranz. Basenbildende Lebensmittel, die reich an essentiellen Mineralien und Vitaminen sind, können dabei helfen, diese Symptome zu lindern. Sie tragen zur Verbesserung der kognitiven Funktionen bei und unterstützen die körperlichen Prozesse, die für eine gute geistige Gesundheit notwendig sind.

Zudem ist es wissenschaftlich nachgewiesen, dass bestimmte basenbildende Lebensmittel direkt die Gehirnfunktionen unterstützen. Lebensmittel, die reich an Omega-3-Fettsäuren sind, wie zum Beispiel Chiasamen und Leinsamen, fördern beispielsweise die Gehirnleistung und tragen zur Verbesserung der Stimmung bei.

Ebenso spielen basenbildende Lebensmittel, die B-Vitamine enthalten, eine Schlüsselrolle bei der Regulierung der Gehirnfunktionen und der mentalen Gesundheit. Lebensmittel wie Vollkorngetreide, Hülsenfrüchte und grünes Blattgemüse sind reich an B-Vitaminen und tragen zur Stärkung der geistigen Gesundheit bei.

Darüber hinaus kann eine basenreiche Ernährung dazu beitragen, den Serotoninspiegel zu erhöhen. Serotonin, oft als „Glückshormon" bezeichnet, wirkt sich positiv auf Stimmung, Schlaf und Appetit aus. Bananen, Ananas und Walnüsse sind beispielsweise basenbildende Lebensmittel, die die Serotoninproduktion unterstützen.

Eine basenreiche Ernährung ist also mehr als nur eine Diät zur Gewichtsreduktion oder zur Verbesserung der physischen Gesundheit. Es ist ein ganzheitlicher Ansatz, der auch das mentale Wohlbefinden berücksichtigt und dazu beiträgt, einen gesunden und ausgeglichenen Lebensstil zu führen.

DER WEG IN DIE ZUKUNFT: BASENREICHE ERNÄHRUNG FÜR EIN GESUNDES LEBEN

Ein gesundes und ausgeglichenes Leben zu führen ist eine Reise, kein Ziel. Es erfordert kontinuierliche Bemühungen, bewusste Entscheidungen und Anpassungen im Laufe der Zeit. Der Wechsel zu einer basenreichen Ernährung ist eine solche bewusste Entscheidung, die den Weg zu einem gesünderen Leben ebnet.

Basenreiche Ernährung kann mehr als nur eine kurzfristige Diät sein. Sie kann eine dauerhafte Ernährungsweise sein, die eine Vielzahl von Vorteilen für die Gesundheit und das Wohlbefinden bietet. Sie hilft, das Gleichgewicht zwischen Säuren und Basen im Körper zu erhalten, die körperliche Gesundheit zu verbessern und das mentale Wohlbefinden zu stärken.

Der Wechsel zu einer basenreichen Ernährung erfordert jedoch eine sorgfältige Planung und Berücksichtigung. Es ist wichtig, ein Verständnis für die verschiedenen säure- und basenbildenden Lebensmittel zu haben und zu wissen, wie sie in den täglichen Ernährungsplan integriert werden können. Darüber hinaus ist es entscheidend, auf die Signale des Körpers zu hören und gegebenenfalls Anpassungen vorzunehmen.

Ein weiterer wichtiger Aspekt einer basenreichen Ernährung ist die Verbindung mit körperlicher Bewegung und mentaler Gesundheit. Eine Kombination aus gesunder Ernährung, regelmäßiger Bewegung und Achtsamkeit kann zu einem optimalen Säure-Basen-Gleichgewicht und somit zu einem gesünderen und glücklicheren Leben führen.

Zum Abschluss lässt sich sagen, dass eine basenreiche Ernährung nicht nur eine Wahl ist, sondern ein Lebensstil. Es ist eine Verpflichtung gegenüber sich selbst, der Gesundheit und dem Wohlbefinden. Es ist der Weg in eine Zukunft, in der gesunde Entscheidungen zum Alltag gehören.

Jetzt, da Sie ein solides Verständnis der basenreichen Ernährung und ihrer Vorteile haben, ist es an der Zeit, diese Theorie in die Praxis umzusetzen. Lassen Sie uns in die köstliche Welt der basischen Rezepte eintauchen und entdecken Sie, wie Sie Ihren Alltag mit gesunden, nahrhaften und vor allem leckeren basischen Mahlzeiten bereichern können. Viel Spaß beim Kochen und Genießen!

Frühstück

WARMER FRÜHSTÜCKSBREI MIT KARAMELLISIERTEN ÄPFELN UND MANDELN

2 Port. 15 Min. Leicht

Zutaten

Zutaten für den Brei:
100 g Erdmandelflocken (oder Haferflocken, vorzugsweise gekeimt)
2–3 Prisen feines Meersalz
1 Messerspitze gemahlene Vanille
½ TL Zimt, gemahlen
430 ml Mandelmilch

Für die gebratenen Äpfel:
2 frische Äpfel
1 TL Kokosöl
½ TL Zimt, gemahlen

Für die karamellisierten Mandeln:
30 g Mandeln, gehobelt
1 EL Dattelsirup

Nährwerte p. P.

366 kcal
25 g Fett
28 g Kohlenhydrate
9 g Eiweiß

1 Für den Brei: Kombinieren Sie Erdmandelflocken, Salz, Vanillepulver und Zimt mit der Mandelmilch in einem Topf. Bringen Sie die Mischung zum Kochen und schalten Sie die Hitze aus. Lassen Sie den Brei einige Minuten ziehen.

2 Für die gebratenen Äpfel: Waschen Sie die Äpfel und schneiden Sie sie in mundgerechte Stücke. Braten Sie die Apfelstücke mit dem Kokosöl in einer Pfanne an und würzen Sie sie zum Schluss mit Zimt. Nehmen Sie die Äpfel aus der Pfanne und wischen Sie diese mit einem Küchentuch aus.

3 Für die karamellisierten Mandeln: Rösten Sie die gehobelten Mandeln ohne Fett in der Pfanne an. Wenn sie Farbe angenommen haben, fügen Sie den Dattelsirup hinzu und mischen alles gut miteinander.

4 Anrichten: Verteilen Sie den Brei auf zwei Teller, legen Sie zuerst die Apfelstücke darauf und streuen Sie dann die Mandelblättchen darüber.

Tipp: Sie können die karamellisierten Mandeln zuerst zubereiten und auf einem Backpapier abkühlen lassen. Geben Sie sie danach in einen Beutel und rollen Sie mit einem Nudelholz darüber, um Mandelkrokant zu erhalten.

BASISCHER FRÜHSTÜCKSJOGHURT MIT ÄPFELN UND CASHEWKERNEN

 2 Port.

 8 Min.

 Leicht

Zutaten

1 roter Apfel
½ Prise Zimt
1 TL Agavendicksaft
250 g Sojajoghurt (alternativ Mandeljoghurt)
75 g Erdmandelflocken
2 TL Gold-Leinsamen (à 5 g)
2 EL Cashewkerne (à 15 g)

Nährwerte p. P.

379 kcal
22 g Fett
32 g Kohlenhydrate
12 g Protein

1 Den Apfel putzen, waschen, halbieren und entkernen, dann in kleine Stücke schneiden. Die Apfelstücke zusammen mit Zimt und Agavendicksaft in einen Topf geben und bei mittlerer Hitze für 5-7 Minuten dünsten.

2 Den Sojajoghurt mit 50 g Erdmandelflocken und 1,5 TL Leinsamen vermengen und auf zwei Schüsseln verteilen. Die gedünsteten Apfelstücke darüber anrichten.

3 Zum Schluss das basische Frühstück mit Cashewkernen sowie den restlichen Erdmandelflocken und Leinsamen bestreuen.

SCHNELLER FRÜCHTE-FRÜHSTÜCKSMIX – BASISCH UND LECKER

2 Port.

10 Min.

Leicht

Zutaten

2 Bananen
2 Äpfel
100 ml Mandelmilch
4 EL Erdmandelflocken
1 Handvoll Beeren (nach Wahl)

Nährwerte p. P.

223 kcal
2 g Fett
47 g Kohlenhydrate
4 g Eiweiß

1 Zerdrücken Sie die Bananen mit einer Gabel und verteilen Sie diese auf zwei Schalen.

2 Reiben Sie jeweils einen Apfel grob direkt über den Schalen und heben Sie die Apfelstücke unter die zerdrückten Bananen.

3 Vermischen Sie 100 ml Mandelmilch mit 4 EL Erdmandelflocken in einer kleinen Schüssel und verteilen Sie diese Mischung über dem Obst in den Schalen.

4 Garnieren Sie Ihr Früchte-Frühstück mit einer Handvoll Beeren Ihrer Wahl.

FARBENFROHES SÜSSKARTOFFEL-FRÜHSTÜCK MIT AVOCADO-ERBSEN-TOPPING

2 Port.

15 Min.

Leicht

Zutaten

1 kleine Süßkartoffel (etwa 300 g)
100 g Tiefkühl-Erbsen
½ Avocado
2 EL Zitronensaft
Salz, Pfeffer und Chiliflocken nach Geschmack
Eine Handvoll Feldsalat
100 g Feta

Nährwerte p. P.

425 kcal
20 g Fett
45 g Kohlenhydrate
15 g Eiweiß

1 Zuerst die Süßkartoffel in dünne Scheiben schneiden und diese in einem Toaster oder im Ofen rösten, bis sie knusprig und leicht gebräunt sind.

2 Während die Süßkartoffelscheiben rösten, die Tiefkühl-Erbsen in einem Topf mit kochendem Wasser etwa 3 Minuten garen. Anschließend abgießen und abkühlen lassen.

3 Die Avocado halbieren, entkernen und das Fruchtfleisch mit einem Löffel herausnehmen. Dann das Avocadofruchtfleisch, die gekochten Erbsen und den Zitronensaft in einen Mixer geben und zu einem glatten Püree verarbeiten. Mit Salz, Pfeffer und Chiliflocken abschmecken.

4 Nun den Feldsalat waschen und trocken schleudern. Den Feta in kleine Würfel schneiden.

5 Zum Schluss die gerösteten Süßkartoffelscheiben mit dem Avocado-Erbsen-Püree bestreichen, mit Feldsalat und Fetawürfeln belegen und sofort servieren.

BASISCHES BUCHWEIZEN-PORRIDGE

2 Port. 20 Min. Leicht

Zutaten

200 g Buchweizen
340 ml Wasser
400 ml Hafermilch
2 TL Chiasamen
2 TL Rosinen
1 Banane
2 Birnen
2 EL Kokosflocken
2 TL Ahornsirup
2 Prisen Zimt

Nährwerte p. P.

558 kcal
8 g Fett
100 g Kohlenhydrate
15 g Eiweiß

1 Beginnen Sie damit, die Chiasamen und Rosinen mit Wasser zu bedecken und zum Quellen zur Seite zu stellen.

2 In der Zwischenzeit den Buchweizen zusammen mit 340 ml Wasser zum Kochen bringen.

3 Sobald das Wasser verdampft ist, die Hafermilch sowie die gequollenen Chiasamen und Rosinen zur Masse hinzufügen. Weiter kochen, bis die Masse breiig ist.

4 Vor dem Servieren das Buchweizen-Porridge mit klein geschnittenem Obst und Kokosflocken garnieren.

5 Zum Süßen, je nach Wunsch, etwas Zimt und/oder Ahornsirup unterrühren.

VITAMINBOMBE: FRUCHT- UND NUSSSALAT

 2 Port.
 5 Min.
 Leicht

Zutaten

1 Bio-Apfel
100 g Erdbeeren
150 g Orangen
10 Haselnüsse
1 EL geschrotete Leinsamen
4 Walnüsse
1 TL natives Leinöl
1 TL Omega-3-Algenöl

Nährwerte p. P.

164 kcal
4 g Fett
4 g Kohlenhydrate
1 g Eiweiß

1 Starten Sie die Zubereitung, indem Sie zunächst das gesamte Obst gründlich abspülen. Entfernen Sie die Kerne aus dem Apfel und die Schale von der Orange. Die Erdbeeren müssen von ihrem Grün befreit werden. Schneiden Sie danach alle Früchte in mundgerechte Stücke.

2 Nehmen Sie nun die Haselnüsse und Walnüsse und zerkleinern Sie diese mit einem Messer. Die Größe der Nussstücke können Sie nach Ihrem persönlichen Geschmack wählen.

3 Vermengen Sie die geschnittenen Früchte mit den zerkleinerten Nüssen in einer großen Schüssel

4 Geben Sie den geschroteten Leinsamen sowie das native Leinöl und das Omega-3-Algenöl zu Ihrem Obstsalat. Rühren Sie alles gründlich durch, sodass sich die Öle gut verteilen und der Salat eine angenehme Textur erhält.

5 Und schon ist Ihr fruchtiger Obstsalat mit Nuss-Kick fertig! Dieser Obstsalat lässt sich hervorragend variieren. Experimentieren Sie einfach mit Ihren Lieblingsfrüchten und Nüssen, um Ihren individuellen Obstsalat zu kreieren.

BUNTE SÜSSKARTOFFEL-FRÜHSTÜCKSBOWL

2 Port.

30 Min.

Mittel

Zutaten

300 g Süßkartoffel
50 ml pflanzliche Milch oder Wasser (eventuell mehr, je nach Wunsch)
1 EL Süßungsmittel deiner Wahl
½ TL Zimt
1 EL Mandelmus
½ Banane
½ Pfirsich
1 EL Heidelbeeren

Nährwerte p. P.

264 kcal
5 g Fett
52 g Kohlenhydrate
5 g Eiweiß

1 Den Ofen auf 200 °C Ober-/Unterhitze vorheizen. Die Süßkartoffeln halbieren und auf ein Backblech legen. Im Ofen etwa 30 Minuten backen, bis sie weich sind, dabei nach etwa der Hälfte der Backzeit wenden.

2 Die gebackenen Süßkartoffeln aus dem Ofen nehmen und etwas abkühlen lassen. Die Süßkartoffelhälften dann aus ihrer Schale lösen und in eine Schüssel geben.

3 Die Süßkartoffeln mit einer Gabel zerdrücken und nach und nach die pflanzliche Milch oder Wasser hinzufügen, bis die gewünschte Konsistenz erreicht ist. Das Süßungsmittel und Zimt hinzufügen und alles gut vermischen.

4 Nun die Süßkartoffel-Mischung in Schalen geben und mit Mandelmus, Banane, Pfirsich und Heidelbeeren garnieren.

EINFACHE PANCAKES

8 Port.

15 Min.

Leicht

Zutaten

1 ½ Tassen Haferflocken
1 Tasse pflanzliche Milch
1 große Banane
1 TL Backpulver
1 EL Kokosblütenzucker
1 TL Zimt
1 TL Vanille

Nährwerte p. P.

145 kcal
4 g Fett
21 g Kohlenhydrate
9 g Eiweiß

1 Zuerst die Haferflocken in einen Mixer geben und zu Mehl verarbeiten. Danach die Haferflocken mit den restlichen Zutaten zu einem Teig vermengen. Eine beschichtete Pfanne erhitzen und die Pancakes ausbacken.

2 Vermischen Sie das Kichererbsenmehl mit Wasser zu einer homogenen Masse. In einer separaten Schüssel das Dinkelmehl mit dem Weinsteinbackpulver vermengen

3 Fügen Sie die Kichererbsenmehl-Wasser-Mischung, Rohrohrzucker oder Agavendicksaft, Salz und Pflanzenmilch dem Mehl hinzu und rühren Sie alles mit einem Schneebesen gut durch. Lassen Sie den Teig für etwa 30 Minuten quellen

4 Erhitzen Sie etwas Öl in einer Pfanne und backen Sie die Pfannkuchen darin aus. Nach dem ersten Pfannkuchen können Sie die Temperatur etwas reduzieren, um Anbrennen zu vermeiden.

5 Wahlweise können Sie die Pfannkuchen mit Obst, Beeren oder Nüssen Ihrer Wahl servieren.

FITMACHER-FRÜHSTÜCKSSALAT MIT HIRSE UND AVOCADO

2 Port.

15 Min.

Leicht

Zutaten

100 g Hirse
200 ml Gemüse-suppe/Wasser
Saft einer viertel Zitrone
2 EL Olivenöl
2 Eier
1–2 Frühlingszwiebeln
Einige Blätter Kohl
½ Salatgurke
1 Avocado
100 g Feta
Etwas Kresse für die Garnitur

Nährwerte p. P.

500 kcal
25 g Fett
50 g Kohlenhydrate
20 g Eiweiß

1 Zuerst die Hirse in einer ausreichenden Menge Gemüsesuppe oder Wasser garen, bis sie weich und fluffig ist.

2 Während die Hirse kocht, die Eier wachsweich zubereiten und anschließend abkühlen lassen. Sobald die Eier abgekühlt sind, schälen und vorsichtig halbieren

3 In der Zwischenzeit Frühlingszwiebeln und Kohl waschen und in mundgerechte Stücke schneiden

4 Gurke gründlich waschen und in Scheiben schneiden. Die Avocado halbieren, den Kern entfernen und das Fruchtfleisch herauslösen.

5 Sobald die Hirse gar ist, diese vom Herd nehmen und mit Zitronensaft und Olivenöl abschmecken. Abkühlen lassen.

6 Auf zwei Teller die abgekühlte Hirse, Frühlingszwiebeln, Kohl und Gurkenscheiben verteilen.

7 Die Avocadohälften auf den Salat geben und mit einem Spritzer Zitronensaft beträufeln.

8 Den Salat mit halbierten Eiern und zerbröseltem Feta garnieren. Mit etwas frischer Kresse bestreuen und servieren.

Salate

RUCOLA TRIFFT AVOCADO: EIN SALAT ZUM VERLIEBEN

2 Port.

10 Min.

Leicht

Zutaten

2 reife Avocados
4 Tomaten
80 g Rucola
1 kleine Knoblauchzehe
1 kleine Zwiebel
2 EL Olivenöl
1 Bio-Zitrone

Nährwerte p. P.

442 kcal
38 g Fett
26 g Kohlenhydrate
6 g Eiweiß

1 Reinigen Sie zuerst die Tomaten, entfernen Sie die Stiele und würfeln Sie sie. Längs halbieren Sie die Avocados, entkernen sie und schneiden das Fruchtfleisch in der Schale in Würfel. Mit einem Esslöffel heben Sie dann das Fruchtfleisch heraus und mischen es in einer Schüssel mit den Tomaten.

2 Der Rucola wird sorgfältig gewaschen und getrocknet, bevor er zu den Tomaten und Avocados in die Schüssel gegeben wird.

3 Nun bereiten Sie das Dressing vor: Schälen und hacken Sie die Zwiebel und den Knoblauch fein. Waschen Sie die Bio-Zitrone gründlich mit heißem Wasser und reiben Sie etwa einen halben Teelöffel Zitronenschale ab. Halbieren Sie die Zitrone und pressen Sie den Saft aus.

4 Geben Sie das Olivenöl, die gehackte Zwiebel, den Knoblauch, die Zitronenschale und den Zitronensaft in eine kleine Schüssel und rühren Sie kräftig um.

5 Träufeln Sie das Dressing über den Salat aus Avocado, Tomaten und Rucola und mischen Sie es vorsichtig ein. Der Salat sollte sofort serviert werden, damit er frisch und knackig bleibt.

EXOTISCHER SALAT MIT RADICCHIO UND ORANGEN-SESAM-DRESSING

2 Port.

15 Min.

Mittel

Zutaten

200 g Radicchio
1 Birne
2 Handvoll Macadamianüsse
Frische Petersilie
Saft einer frischen Orange
3 EL Sesammus / Tahini
1 EL Hefeflocken
Etwas Ingwerabrieb
Salz & Pfeffer

Nährwerte p. P.

375 kcal
29 g Fett
23 g Kohlenhydrate
6 g Eiweiß

1 Beginnen Sie mit dem Radicchio. Waschen Sie ihn gründlich und zupfen Sie ihn in mundgerechte Stücke. Legen Sie die Stücke in einer großen Salatschüssel beiseite.

2 Weiter geht es mit der Birne. Waschen Sie sie, entfernen Sie das Kerngehäuse und schneiden Sie sie in gleichmäßige Spalten. Fügen Sie diese Spalten dem Radicchio in der Salatschüssel hinzu.

3 Die Petersilie sollte nun gewaschen und fein gehackt werden. Streuen Sie die gehackte Petersilie über den Salat in der Schüssel.

4 Nun zur Zubereitung des Dressings. Beginnen Sie mit dem Auspressen des Saftes einer frischen Orange in eine separate Schüssel. Fügen Sie Sesammus, Hefeflocken und ein wenig frisch geriebenen Ingwer hinzu. Würzen Sie mit Salz und Pfeffer nach Geschmack. Mischen Sie alles gut durch, bis eine glatte Sauce entsteht.

5 Gießen Sie das Dressing über den vorbereiteten Salat und streuen Sie die Macadamianüsse darüber. Tosen Sie den Salat vorsichtig, um sicherzustellen, dass alle Zutaten gut mit dem Dressing überzogen sind.

6 Servieren Sie den Salat sofort, um die Frische und den Crunch der Zutaten zu bewahren.

Tipp: Ein selbstgemachtes, glutenfreies Walnussbrot ist eine wundebare Ergänzung zu diesem leckeren Salat.

SOMMER-RUCOLA-SALAT MIT AVOCADO UND SCHAFSKÄSE

2 Port.

10 Min.

Leicht

Zutaten

100 g Rucolasalat
1 Kopf roter Chicorée
1 Avocado
200 g reiner Schafskäse
1 Schälchen Kresse

Für das Dressing:
3 EL Olivenöl
Saft einer halben Zitrone
20 g Schnittlauch
Salz und Pfeffer

Nährwerte p. P.

385 kcal
30 g Fett
11 g Kohlenhydrate
17 g Eiweiß

1 Beginnen Sie mit der Vorbereitung des Rucolasalats und des roten Chicorées. Beide gründlich waschen, die Chicorée-Blätter abzupfen und halbieren.

2 Schneiden Sie den Schafskäse in feine Würfel. Halbieren Sie die Avocado, entfernen Sie den Kern und schälen Sie die Hälften. Schneiden Sie das Fruchtfleisch in Stücke und fügen Sie es in die Salatschüssel. Mischen Sie die Kresse unter den Salat.

3 Für das Dressing hacken Sie den Schnittlauch fein und pressen die halbe Zitrone aus. Vermischen Sie Olivenöl, Zitronensaft, gehackten Schnittlauch und würzen Sie es mit Salz und Pfeffer.

4 Geben Sie das Dressing über den Salat und mischen Sie alles gut durch.

BASILIKUM-PAPRIKA-TOMATENSALAT MIT RUCOLA UND OLIVEN

2 Port.

10 Min.

Leicht

Zutaten

2 rote Paprika
10 Cocktailtomaten
1 Handvoll ungefärbte grüne Oliven
1 Handvoll Rucola
1 Handvoll frische Basilikumblätter
4 EL Olivenöl
Saft von 1 Zitrone
1 Prise Bio-Kräutersalz
etwas gemahlener schwarzer Pfeffer
1 Handvoll Sprossen

Nährwerte p. P.

280 kcal
22 g Fett
15 g Kohlenhydrate
4 g Eiweiß

1 Reinigen Sie die Spitzpaprika, indem Sie sie waschen und aufschneiden. Entfernen Sie den Strunk und die Samen und schneiden Sie die Paprika dann in feine Streifen.

2 Nachdem Sie die Cocktailtomaten gründlich gewaschen haben, schneiden Sie diese in zwei Hälften.

3 Nehmen Sie sich die Rucolablätter und das Basilikum. Nachdem Sie diese gewaschen und getrocknet haben, hacken Sie das Basilikum fein.

4 Vermengen Sie das gehackte Basilikum mit dem Olivenöl zu einer homogenen Mischung.

5 Nun fügen Sie die geschnittenen Paprika, Tomatenhälften, grüne Oliven und Rucola in die Mischung. Verrühren Sie alles gut.

6 Würzen Sie den Salat mit Zitronensaft, Kräutersalz und frisch gemahlenem Pfeffer, bis er Ihren Geschmacksvorlieben entspricht.

7 Servieren Sie den Salat auf Tellern und garnieren Sie ihn mit frischen Sprossen nach Wahl.

LEICHTER SELLERIE-APFEL-SALAT MIT MANDEL-KICK

2 Port.

8 Min.

Leicht

Zutaten

150 g geschälter Knollensellerie
1 Bio-Apfel
50 g Mandelblätter

Für das Dressing:
100 ml Sojasahne
Saft von 1 Zitrone
Salz, Pfeffer nach Geschmack

Nährwerte p. P.

280 kcal
18 g Fett
25 g Kohlenhydrate
6 g Eiweiß

1 Beginnen Sie mit dem Schälen des Knollenselleries und raspeln Sie ihn in feine Stücke. Für ein wenig extra Geschmack beträufeln Sie den geriebenen Sellerie mit Zitronensaft.

2 In einem separaten Behälter kombinieren Sie die Sojasahne, den Zitronensaft, Salz und Pfeffer, um das Dressing zu erstellen. Gut umrühren, bis alle Zutaten gleichmäßig vermischt sind.

3 Waschen Sie nun den Apfel und teilen Sie ihn in Viertel. Entfernen Sie das Kerngehäuse und raspeln Sie dann die Apfelstücke.

4 Geben Sie die geriebenen Apfelstücke zum Dressing und heben Sie diese vorsichtig unter.

5 Zum Schluss fügen Sie den Sellerie dem Dressing hinzu und rühren Sie alles gut um, sodass alle Zutaten mit dem Dressing bedeckt sind.

6 Streuen Sie zum Abschluss die Mandelblätter über den Salat und heben Sie sie leicht unter.

ZITRUS-PILZ-SALAT

 2 Port.  10 Min.  Leicht

Zutaten

500 g Champignons
3 EL Hanföl
1 EL weißer Balsamico
2 EL Grapefruitsaft
Meersalz und schwarzer Pfeffer aus der Mühle nach Geschmack
Frische Minze
Frisches Basilikum
5–8 Pistazienkerne
5–8 Cashewkerne

Nährwerte p. P.

218 kcal
16 g Fett
11 g Kohlenhydrate
9 g Eiweiß

1 Reinigen Sie die frischen Wiesenchampignons sorgfältig und schneiden Sie sie in dünne Scheiben.

2 Geben Sie etwas Olivenöl in eine Pfanne und rösten Sie die Champignons leicht an.

3 In der Zwischenzeit schälen Sie zwei Grapefruits und würfeln das Fruchtfleisch.

4 Vermischen Sie die angerösteten Champignons mit den Grapefruitwürfeln. Hacken Sie Pistazienkerne und Cashewnüsse grob und heben Sie sie unter die Champignons und Grapefruits.

5 Würzen Sie die Mischung nach Geschmack und servieren Sie den Salat lauwarm.

GRÜNE GURKEN-OASE

2 Port.

10 Min.

Leicht

Zutaten

1 Salatgurke
½ rote Zwiebel
½ Knoblauchzehe
¼ Zitrone
1,5 EL Sojasahne
½ EL Leinöl
½ TL Senf
Kräutersalz
Pfeffer
Gehackter Schnittlauch

Nährwerte p. P.

81 kcal
4 g Fett
9 g Kohlenhydrate
2 g Eiweiß

1 Zwiebel und Knoblauch schälen. Die Zwiebel fein würfeln, den Knoblauch zerdrücken.

2 Den Saft der Zitrone pressen und mit der Sojasahne, dem Leinöl und dem Senf zu einer glatten Soße verquirlen.

3 Würzen Sie die Soße mit Kräutersalz und Pfeffer und fügen Sie den zerdrückten Knoblauch hinzu.

4 Die gehackte Zwiebel und den Schnittlauch unter die Soße heben. Die Gurke in dünne Scheiben schneiden oder hobeln, überschüssiges Wasser vorsichtig ausdrücken.

5 Vermengen Sie die Gurkenscheiben mit der Soße und lassen Sie den Salat einige Minuten ziehen, bevor Sie ihn servieren.

MEDITERRAN TRIFFT EXOTISCH: RUCOLASALAT MIT GRANATAPFEL UND MACADAMIA

 2 Port.

 10 Min.

 Leicht

Zutaten

300 g Rucola
2 Granatäpfel
4 EL Macadamianüsse, gehackt
4 EL Macadamiaöl (oder ein anderes Nussöl)
1 TL Kokosblütensirup
1 Zitrone
2 TL Sesamsalz (Gomasio)
etwas frisch gemahlener Pfeffer

Nährwerte p. P.

387 kcal
27 g Fett
32 g Kohlenhydrate

1 Säubern Sie zuerst die Rucolablätter, lassen Sie sie abtropfen und entfernen Sie die größeren Stängel. Legen Sie die Blätter in einer großen Salatschüssel beiseite.

2 Halbieren Sie nun die Granatäpfel. Aus einer der Hälften lösen Sie die Kerne und verteilen diese gleichmäßig über dem Rucola. Die restlichen Granatäpfel pressen Sie aus, um den Saft zu gewinnen.

3 Der nächste Schritt beinhaltet die Zubereitung des Dressings. Hierfür mischen Sie den gewonnenen Granatapfelsaft mit dem Macadamiaöl, dem Saft einer ganzen Zitrone, dem Kokosblütensirup und den Gewürzen zu einer homogenen Soße.

4 Das vorbereitete Dressing verteilen Sie anschließend gleichmäßig über dem Salat.

5 Zum Schluss streuen Sie die gehackten Macadamianüsse über den Salat. Nun ist Ihr Rucolasalat mit Macadamianüssen und Granatapfeldressing bereit zum Servieren.

WIRSING-SALAT DELUXE MIT ORANGEN UND NÜSSEN

2 Port.

15 Min.

Leicht

Zutaten

250 g Wirsing
1,5 Orangen
1 TL Olivenöl
1 EL Obstessig
1 TL Agavendicksaft
Meersalz nach Geschmack
Frisch gemahlener Pfeffer nach Geschmack
1 Schalotte
5 Basilikumblätter
2 EL gehackte Walnüsse

Nährwerte p. P.

230 kcal
11 g Fett
19 g Kohlenhydrate
7 g Eiweiß

1 Den Wirsing vorbereiten und den Kern entfernen. Die Blätter des Wirsings in siedendem Salzwasser für etwa 30 Sekunden köcheln lassen. Anschließend den Wirsing abtropfen lassen, kalt abspülen, gründlich trockentupfen und in etwa 2 cm breite Streifen schneiden.

2 Eine Orange schälen und dabei sicherstellen, dass die gesamte weiße Haut entfernt ist. Die Filets aus den Orangenhälften schneiden.

3 Den Saft der verbleibenden halben Orange auspressen und mit Olivenöl, Obstessig, Agavendicksaft, Salz und Pfeffer vermischen. Die Schalotte schälen, würfeln und dem Dressing hinzufügen.

4 Den vorbereiteten Wirsing und die Orangenfilets auf Teller verteilen und das Dressing darüberträufeln. Mit Basilikumblättern und gehackten Walnüssen garnieren.

Tipp: Anstelle von Orange können Sie auch Scheiben von Kakis zum Wirsing hinzufügen.

TROPISCHER SPINAT-MANGO-SALAT

2 Port.

15 Min.

Leicht

Zutaten

5 ml Ahornsirup
75 g Mango (ohne Kern und Schale)
20 g Cashewnüsse
75 g Spinat (frisch)
12 ml Balsamicoessig
50 g Möhren
½ g Pfeffer
10 ml Olivenöl
½ g Salz

Nährwerte p. P.

308 kcal
16 g Fett
33 g Kohlenhydrate
6 g Eiweiß

1 Den Spinat gründlich abspülen und abtropfen lassen. Die Mango in Würfel und die Karotten in dünne Streifen schneiden. Alles zusammen in einer Salatschüssel vermischen. Die Cashewnüsse ohne Öl in einer Pfanne rösten und zur Seite legen.

2 Für das Dressing das Olivenöl, Ahornsirup, Essig, Salz und Pfeffer in ein verschließbares Glas geben und kräftig schütteln, um alles gut zu vermischen.

3 Das Dressing über den Salat gießen und gut unterheben. Den Salat anrichten und mit den gerösteten Cashewnüssen garnieren.

Aufstriche, Crèmes & Soßen

GRÜNE WUNDERCREME: AVOCADO MAL ANDERS

$ Port.

15 Min.

Leicht

Zutaten

1 reife Avocado
1 Zwiebel, sehr fein gehackt
1 Esslöffel Schnittlauch, geschnitten
1 Teelöffel Olivenöl
1 Teelöffel Kanne-Fermentgetreide
Eine Prise Vollmeersalz
Eine Prise Pfeffer

Nährwerte p. P.

83 kcal
7 g Fett
5 g Kohlenhydrate
1 g Eiweiß

1 Beginnen Sie mit der Avocado. Schneiden Sie sie der Länge nach auf und trennen Sie die Hälften durch Drehen in entgegengesetzte Richtungen. Nach dem Entfernen des Kerns entledigen Sie sich der Schale und haben so das pure Avocado-Fruchtfleisch bereit zur Verarbeitung.

2 Das Fruchtfleisch der Avocado wird nun mit einer Gabel in eine glatte, cremige Konsistenz verwandelt.

3 Im nächsten Schritt geben Sie die fein gehackte Zwiebel und den geschnittenen Schnittlauch zu Ihrer Avocado-Creme. Auch das Olivenöl und das Kanne-Fermentgetreide werden nun hinzugezogen.

4 Um das Geschmacksprofil abzurunden, würzen Sie Ihre Avocado-Creme mit einer Prise Vollmeersalz und Pfeffer. Rühren Sie alle Zutaten gut durch, bis eine homogene Mischung entstanden ist.

5 Sollten Sie eine dünnflüssigere Konsistenz bevorzugen, kann Ihre Avocado-Creme durch die Zugabe von Kanne-Brottrunk in eine Salatsauce verwandelt werden.

PROTEIN-POWER: LINSENAUFSTRICH FÜR VEGANER

 100 g
 25 Min.
 Leicht

Zutaten

Olivenöl (zum Braten)
½ kleine Zwiebel
1–2 Knoblauchzehen
50 g rote Linsen
100 ml Brühe (oder mehr)
1–2 EL Olivenöl
⅓ TL Kreuzkümmel
Bund Petersilie (Menge nach Bedarf)
½ EL Zitronensaft
Salz und Pfeffer nach Geschmack

Nährwerte p. P.

126 kcal
5 g Fett
15 g Kohlenhydrate
6 g Eiweiß

1 Starten Sie mit der Vorbereitung der Zutaten: Schälen Sie die Zwiebel und den Knoblauch und hacken Sie sie fein. Die roten Linsen spülen Sie unter kaltem Wasser gründlich ab.

2 Erhitzen Sie das Olivenöl in einem Topf und fügen Sie die Zwiebel und den Knoblauch hinzu. Dünsten Sie diese bei mittlerer Hitze etwa 3 Minuten an.

3 Geben Sie nun die roten Linsen in den Topf und braten Sie diese einige Minuten mit den Zwiebeln und dem Knoblauch an. Gießen Sie das Ganze anschließend mit der Brühe auf und lassen Sie es auf kleiner Flamme köcheln. Dies sollte etwa 15 Minuten dauern, bis die Linsen weich sind und die Flüssigkeit vollständig aufgesogen haben. Nehmen Sie den Topf vom Herd und lassen Sie die Linsen etwas abkühlen.

4 Geben Sie die abgekühlten Linsen und alle restlichen Zutaten in einen Mixer. Je nach Vorliebe können Sie die Zutaten zu einer feinen oder eher groben Paste pürieren. Sie können auch einen Stabmixer verwenden.

5 Sollten Sie eine dünnflüssigere Konsistenz bevorzugen, können Sie mehr Wasser oder Brühe hinzufügen. Schmecken Sie die Mischung schließlich mit Salz und Pfeffer ab.

6 Geben Sie Ihren veganen Linsenaufstrich in ein luftdichtes Glas und bewahren Sie es kühl auf.

WALDZAUBER IM GLAS: CHAMPIGNON-CREME

250 g

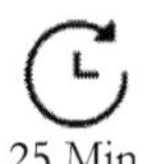
25 Min.

Leicht

Zutaten

1 EL Olivenöl (für das Anbraten)
1 kleine Zwiebel
1 Knoblauchzehe
200 g braune Champignons
100 ml pflanzliche Sahne (oder Pflanzendrink)
Je ½ TL Salz und Pfeffer
2 EL Schnittlauch
2 EL Hefeflocken
1 EL Olivenöl
2 EL Zitronensaft
1 EL Mandelmus (oder 50 g Mandeln)

Nährwerte p. P.

240 kcal
20 g Fett
10 g Kohlenhydrate
5 g Eiweiß

1 Zuerst Zwiebel und Knoblauch schälen und fein hacken. Die Champignons gründlich säubern und in kleine Stücke schneiden.

2 Das Olivenöl in einer Pfanne erhitzen. Zwiebel und Knoblauch darin für etwa 3 Minuten dünsten. Dann die Champignons dazugeben und für etwa 10 Minuten weiter braten, bis die gesamte Flüssigkeit verdampft ist. Danach die Pfanne vom Herd nehmen und die Mischung kurz abkühlen lassen.

3 Als Nächstes geben Sie die Champignons zusammen mit der pflanzlichen Sahne, Salz, Pfeffer, Schnittlauch, Hefeflocken, Olivenöl, Zitronensaft und Mandelmus in einen Mixer. Pürieren Sie alles zu einer glatten oder stückigen Paste, je nach Vorliebe. Wenn Sie keinen Mixer haben, können Sie auch einen Stabmixer verwenden.

4 Falls die Mischung zu dick ist, können Sie etwas mehr Flüssigkeit hinzufügen. Schmecken Sie die Paste abschließend mit Salz und Pfeffer ab.

5 Füllen Sie die Champignon-Paste in ein Einmachglas, verschließen Sie es luftdicht und lagern Sie es im Kühlschrank.

FRISCHER AUFSTRICH AUS LINSEN

6 Port.

20 Min.

Leicht

Zutaten

1 EL Olivenöl
1 kleine Zwiebel
1 Zehe Knoblauch
125 g rote Linsen
250 ml Brühe
1 EL Olivenöl
⅓ TL Kreuzkümmel
½ Bund Petersilie
2 EL Zitronensaft
Etwas Salz und Pfeffer

Nährwerte p. P.

111 kcal
6 g Fett
9 g Kohlenhydrate
5 g Eiweiß

1 Die Zwiebel und den Knoblauch schälen und beides klein hacken. Die Linsen unter Wasser abspülen.

2 Das Öl in einem Topf erhitzen und die Zwiebel und den Knoblauch für 3 Minuten anbraten. Die Linsen dazugeben und nach ein paar Minuten die Brühe dazugeben und alles 15 Minuten köcheln lassen. Wenn die Linsen das komplette Wasser aufgesogen haben, alles vom Herd nehmen.

3 Die Linsen mit allen weiteren Zutaten in einen Mixer geben und pürieren. Dann alles mit Salz und Pfeffer abschmecken. Dann in ein Glas füllen und kalt stellen.

AUFSTRICH MIT PAPRIKA UND CASHEW

6 Port.

20 Min.

Leicht

Zutaten

2 rote Paprika
80 g Cashewkerne
2 EL Rapsöl
Etwas Salz, Pfeffer, Oregano und Paprika
Nach Belieben weitere Kräuter

Nährwerte p. P.

105 kcal
8 g Fett
5 g Kohlenhydrate
2 g Eiweiß

1 Schneiden Sie die Paprika in kleine Würfel. Danach das Öl in eine Pfanne geben und die Paprika anbraten. Nachdem die Paprika weich ist, die Cashewkerne dazugeben.

2 Die Pfanne vom Herd nehmen, wenn die Paprika braun wird. Dann alles erkalten lassen. Die Masse pürieren und abschmecken. Dann in einem Glas kühl lagern.

Suppen

KÜRBIS-KOKOS-SUPPE

 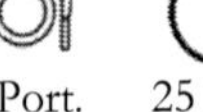 

4 Port. 25 Min. Leicht

Zutaten

1 kg Kürbis
200 g Möhren
225 g Kartoffeln
130 g Zwiebel
3 Zehen Knoblauch
½ EL Öl
700 ml Brühe
120 ml Kokosmilch aus der Dose
1 ½ TL Salz
½ TL Ingwerpulver
½ TL Kreuzkümmel
¼ TL Muskat
Etwas Pfeffer und Chili
Kürbiskerne zum Dekorieren

Nährwerte p. P.

230 kcal
18 g Fett
12 g Kohlenhydrate
6 g Eiweiß

1 In einem großen Topf Öl erhitzen und die Zwiebel, den Knoblauch und die Kartoffeln mit den Karotten anbraten. Alles umrühren und ein paar Minuten braten.

2 Danach den Kürbis, die Gewürze und die Brühe hinzugeben und alles zum Kochen bringen.

3 Alles für etwa 12 Minuten leise köcheln lassen. Danach sollte das Gemüse schön weich sein.

4 Die Suppe anschließend pürieren, bis sie richtig cremig ist. Die Kokosmilch hinzugeben und alles abschmecken und würzen.

5 Die Suppe in Schüsseln geben und mit Kokosmilch und Kürbiskernen garnieren.

KÖSTLICHE SUPPE MIT INGWER UND SELLERIE

4 Port.

25 Min.

Leicht

Zutaten

1 kleiner Knollensellerie
1 mittelgroße Karotte
1 Ingwerknolle (etwa 1 cm)
3 Frühlingszwiebeln
1 kleiner Fenchel
2 EL Olivenöl
1 l Wasser
1 EL Cashewmus
½ Bund Koriander
1 EL Zitronensaft
½ TL Salz
1 TL Kurkuma, gemahlen
Etwas Pfeffer
Koriander zum Garnieren

Nährwerte p. P.

115 kcal
5 g Fett
12 g Kohlenhydrate
3 g Eiweiß

1 Als Erstes den Sellerie, den Fenchel, den Ingwer und die Karotten putzen. Danach alles schälen und in kleinere Würfel schneiden.

2 Das Öl in einem größeren Topf erhitzen und den Ingwer und das Gemüse anbraten. Danach alles mit Brühe ablöschen und alles für 15 Minuten köcheln lassen.

3 Das Nussmus und den Koriander hinzufügen und alles pürieren. Anschließend mit Salz und Pfeffer würzen und mit Zitronensaft abschmecken.

4 Zum Schluss mit frischem Kurkuma und Koriander garnieren.

KÖSTLICHE KARTOFFELSUPPE MIT LAUCH

2 Port.

25 Min.

Leicht

Zutaten

1 EL Öl
1 kleine Zwiebel
2 Stangen Lauch
3 Kartoffeln
1 TL Salz
750 ml Gemüsebrühe
2 TL Stärke
100 ml Sahne
2 EL Hefeflocken
1 EL Senf
Etwas Pfeffer

Nährwerte p. P.

175 kcal
10 g Fett
17 g Kohlenhydrate
3 g Eiweiß

1 Die Zwiebel fein hacken und den Lauch in feine Ringe schneiden. Beides mit Öl in einen Topf geben und anbraten.

2 Die Kartoffeln schälen und in kleine Stücke schneiden. Dann mit der Brühe in den Topf geben, mit 1 TL Salz würzen und nun für 15 Minuten köcheln lassen.

3 50 ml Wasser, die Stärke und die Sahne vermengen. Die Hefeflocken, dann den Senf und einen kleinen Teil der Suppe gemeinsam pürieren.

4 Dann alles wieder zurück zu der restlichen Suppe geben. Nun alles pürieren. Alles aufkochen lassen und abschmecken.

Hauptgerichte mit Fleisch

REIS-HÄHNCHENPFANNE NACH ASIATISCHER ART

 4 Port.

 30 Min.

 Leicht

Zutaten

300 g Reis
3 Gläser Wasser
1 EL gekörnte Gemüsebrühe
1 kleine Prise Salz
500 g Hähnchen
2 EL Sesamöl
1 kleine Zucchini
1 große Möhre
1 Zwiebel
Je ½ rote und gelbe Paprika
1–2 TL Kurkuma
1 TL Paprikapulver, edelsüß
½ TL Koriander
100 ml Wasser
50–75 ml Sojasauce
Etwas Salz und Pfeffer

Nährwerte p. P.

330 kcal
13 g Fett
46 g Kohlenhydrate
15 g Eiweiß

1 Als Erstes die Paprika und die Möhre schälen. Danach die Paprika und die Zucchini gründlich waschen und alles in kleine Würfel schneiden. Auch das Hähnchen in kleine Würfel schneiden.

2 Geben Sie den Reis zusammen mit dem Wasser in einen passenden Topf und würzen Sie den Reis mit der Gemüsebrühe und einer kleinen Prise Salz. Den Reis leise köcheln, bis er gar ist.

3 Das Sesamöl in einer Wokpfanne erhitzen und das Fleisch gut anbraten. Das Fleisch mit Kurkuma würzen und leicht salzen (nicht zu viel nehmen aufgrund der Brühe und Sojasauce).

4 Das Gemüse mit in die Pfanne geben und mit Kurkuma, Paprika und Koriander verfeinern. Das Ganze ca. 6 Minuten garen, dabei das Umrühren nicht vergessen.

5 Anschließend den Reis mit in die Pfanne geben und alles vorsichtig miteinander vermengen.

6 Jetzt das Wasser und die Sojasauce zusammen mit etwas Salz und Pfeffer in die Pfanne geben. Alles für etwa 5 Minuten köcheln lassen.

7 Das fertige Gericht servieren und mit frischer Petersilie anrichten.

WÜRZIGES HÄHNCHEN AUF FRÜCHTEN

1 Port.

30 Min.

Leicht

Zutaten

40 g Hirse
200 g Mango
225 g Gurke
100 g kernlose blaue Weintrauben
50 g Sprossen

Für das Fleisch:
300 g Hähnchen
2 TL Sambal Oelek
Etwas Salz
1 EL Rapsöl
Etwas frisch gemahlener weißer Pfeffer

Für das Dressing:
1 Limette
5 cm Ingwer
1 EL frischer Koriander
8 frische Blätter Minze
1 EL Sesamöl
2 EL O-Saft

Nährwerte p. P.

800 kcal
16 g Fett
76 g Kohlenhydrate
84 g Eiweiß

1 Zuerst die Hirse gründlich unter fließendem Wasser in einem Sieb abspülen. Danach die doppelte Menge an Wasser in einen Topf geben und die Hirse hinzugeben. Kochen Sie alles auf. Dann vom Herd nehmen und für etwa 10 Minuten quellen lassen.

2 Als Nächstes das Fleisch gut abwaschen und mit einem Küchenpapier trocken tupfen. Das Fleisch mit 2 TL Sambal Oelek bestreichen. Erhitzen Sie etwas Rapsöl in einer Pfanne und braten Sie das Fleisch für 7 Minuten an, bis es goldbraun ist. Das Fleisch erkalten lassen und in Scheiben schneiden.

3 Die Mango in kleine Stücke schneiden. Die Gurke schälen, einmal durchschneiden und entkernen. Danach in kleine Stückchen schneiden. Die Trauben werden gewaschen. Die Sprossen waschen und trocknen lassen.

4 Die Gurke, die Mango, die Trauben und die Sprossen gemeinsam mit der Hirse mischen. Danach die Limette auspressen und den Ingwer schälen. Dann fein reiben. Waschen Sie den Koriander, hacken Sie ihn klein und waschen Sie die Minze. Die Minze in Streifen schneiden.

5 Jetzt den Limettensaft, den Ingwer, den Koriander, die Minze, das Sesamöl und den Orangensaft mischen. Den Salat mit dem Dressing servieren und das Hähnchen mit Salz und Pfeffer würzen.

BROKKOLI-RINDFLEISCH-PFANNE NACH ASIATISCHER ART

 2 Port.

 30 Min.

 Leicht

Zutaten

500 g Rindfleisch
700 g Brokkoli
1 Gemüsezwiebel
3 Zehen Knoblauch
1 TL Ingwer
½ Peperoni
4 EL Sesamöl
1 Handvoll Sesamkörner
1 Prise Salz
1 Prise Pfeffer
2 EL Kokosöl

Nährwerte p. P.

505 kcal
32 g Fett
7 g Kohlenhydrate
41 g Eiweiß

1 Zuerst den Brokkoli in kleine Stücke schneiden. Kochen Sie etwas Wasser in einem Topf auf und geben Sie den Brokkoli für etwa 5 Minuten hinein. Dann abtropfen lassen. Danach das Rindfleisch in mundgerechte Stücke schneiden.

2 Den Knoblauch, den Ingwer, die Peperoni und die Zwiebeln klein hacken und anschließend in Kokosöl braten. Geben Sie das Fleisch mit in die Pfanne und braten Sie es für ca. 4 Minuten an.

3 Nun das Sesamöl dazugeben. Danach den Brokkoli hinzufügen und alles köcheln lassen.

4 Das Ganze mit Salz und Pfeffer würzen, auf Tellern anrichten und nach Belieben mit Sesamkörnern garnieren.

FRISCHER SALAT MIT RINDERFILET-STREIFEN

 2 Port.

 30 Min.

 Leicht

Zutaten

150 g Blattsalat, gemischt (am besten mit Rucola)
200 g Rindersteak
100–125 g Pfifferlinge
2 Frühlingszwiebeln
2 TL bunte Pfefferkörner
2 EL Aceto Balsamico
1 TL Dijon-Senf
3 EL Olivenöl
Etwas Salz und Pfeffer
1 TL Ahornsirup

Nährwerte p. P.

505 kcal
32 g Fett
7 g Kohlenhydrate
41 g Eiweiß

1 Als Erstes die Pilze reinigen und dann in etwas dickere Scheiben schneiden oder je nach Größe auch nur halbieren. Die Frühlingszwiebel waschen und in feine Ringe teilen. Geben Sie die bunten Pfefferkörner in einen Mörser und zermahlen Sie sie grob.

2 Nun den Senf, den Essig, 2 EL Olivenöl, das Salz, den Pfeffer und den Ahornsirup in eine Schüssel geben und alles mischen. Geben Sie das Dressing über den Salat und verteilen Sie alles auf zwei Teller.

3 Das Steak nun in feine Streifen schneiden und gemeinsam mit dem übrigen Öl in einer Pfanne anbraten. Geben Sie auch die Pilze mit in die Pfanne. Beides aber nicht vermischen, sondern etwas getrennt in der Pfanne anbraten. Das Fleisch mit dem bunten Pfeffer verfeinern. Das Fleisch auf dem Salat anrichten.

4 Zuletzt die Frühlingszwiebeln mit in die Pfanne geben und kurz anbraten. Dann etwas salzen und mit den Pilzen auf dem Salat anrichten.

Hauptgerichte mit Fisch

BUNTER SALAT MIT LECKEREM ROTBARSCHFILET

4 Port.

30 Min.

Mittel

Zutaten

250 g Rucola
300 g Kirschtomaten
1 Birne
Etwas Zitronensaft
2 EL Pinienkerne
1 EL Senf
5 EL Aceto Balsamico
5 EL Olivenöl
Etwas Salz und Pfeffer
500 g Rotbarschfilet
2 EL Mehl
Etwas Öl zum Anbraten

Nährwerte p. P.

505 kcal
32 g Fett
7 g Kohlenhydrate
41 g Eiweiß

1 Als Erstes den Rucola putzen und gut waschen, danach trocknen lassen. Waschen Sie die Tomaten und schneiden Sie sie in Viertel. Die Birne gut waschen, die Schale entfernen und in feine Spalten schneiden. Die Birne mit wenig Zitronensaft beträufeln.

2 Eine beschichtete Pfanne erhitzen und die Pinienkerne kurz rösten. Dabei wird kein Fett verwendet.

3 Nun den Senf mit Balsamico mischen. Das Öl, das Salz, den Pfeffer und etwas Zitronensaft untermischen. Waschen Sie das Rotbarschfilet und tupfen Sie es dann trocken. Anschließend in kleine Stücke schneiden. Dann mit Mehl bestäuben und mit Salz und Pfeffer bestreuen.

4 Etwas Öl in einer Pfanne erhitzen und den Fisch von beiden Seiten kurz anbraten.

5 Den Rucola und die Tomaten zum Dressing geben. Den Fisch, die Birnen und die Pinienkerne mit dem Salat anrichten und genießen.

KÖSTLICHER EINTOPF MIT SEELACHS UND GEMÜSE

4 Port. 30 Min. Mittel

Zutaten

3 Stangen Lauch
4 Möhren
4 Kartoffeln
4 EL Rapsöl
500 ml Gemüsebrühe
1 Dose gehackte Tomaten
4 Seelachsfilets
Etwas Salz und Pfeffer
1 Zitrone
Etwas frischer Schnittlauch

Nährwerte p. P.

449 kcal
16 g Fett
46 g Kohlenhydrate
33 g Eiweiß

1 Als Erstes den Lauch waschen und in feine Ringe schneiden. Danach die Möhren zusammen mit den Kartoffeln schälen und anschließend in kleine Stücke schneiden.

2 Im Anschluss das Öl in einer Pfanne erhitzen und die Möhren, den Lauch und die Kartoffeln anbraten. Nach kurzer Zeit die Brühe und die gehackten Tomaten hinzugeben und alles ablöschen. Das Ganze für etwa 10 Minuten leise köcheln lassen.

3 Nun den Fisch waschen und abtrocknen lassen. Danach in kleine Würfel schneiden. Den Fisch mit in die Pfanne geben und für ein paar Minuten köcheln lassen. Mit Pfeffer, Zitronensaft und etwas Salz verfeinern. Zum Schluss auf Tellern anrichten und mit frischem Schnittlauch garnieren.

KÖSTLICHER FISCH MIT SAFRAN

2 Port.

25 Min.

Leicht

Zutaten

1 TL Ghee (alternativ: Kokosöl)
½ Päckchen gefrorene Zwiebeln
1 Messerspitze rote Currypaste
1 Döschen Safranfäden
1 Prise gemahlene Kurkuma
200 ml Kokosmilch
50 ml Traubensaft
Etwas Salz
400 g Brokkoli
2 Stücke Fischfilets (z. B. Lachs oder Kabeljau)
80 g Flusskrebsschwänze
1 EL Limettensaft

Nährwerte p. P.

350 kcal
22 g Fett
9 g Kohlenhydrate
30 g Eiweiß

1 1 TL Ghee in einem Topf erhitzen und die Zwiebeln kurz darin anbraten. Anschließend die Currypaste gemeinsam mit Safran und Kurkuma anbraten. Alles mit dem Traubensaft, der Kokosmilch und 50 ml Wasser ablöschen. Danach alles salzen. Das Ganze für ca. 8 Minuten leise köcheln lassen.

2 Den Brokkoli gründlich waschen und abtropfen lassen. Danach den Brokkoli in kleine Röschen schneiden. Die Röschen in feine Scheiben schneiden.

3 Den Fisch mit Pfeffer und Salz bestreuen. Den Brokkoli und den Fisch in einem Topf für ca. 5 Minuten dämpfen - nach Bedarf auch länger.

4 Zunächst die Flusskrebsschwänze mit in die Sauce geben und mit Limettensaft und Salz abschmecken.

5 Auch den Brokkoli ein wenig salzen und auf Tellern anrichten. Dann den Fisch dazugeben und alles mit der Sauce servieren.

FRISCHE BOWL MIT LACHSFILET

2 Port.

25 Min.

Leicht

Zutaten

Etwas Salz
300 g Lachsfilet ohne Haut
Etwas Pfeffer
2 EL Olivenöl
1 Avocado
2 EL Sesam
1 Bio-Zitrone
100 g frischer Blattspinat

Nährwerte p. P.

670 kcal
51 g Fett
6 g Kohlenhydrate
46 g Eiweiß

1 Als Erstes den Fisch waschen und dann gut trocken tupfen. Den Fisch anschließend in zwei Teile schneiden und mit Salz und Pfeffer bestreuen.

2 Etwas Olivenöl in eine Pfanne geben und den Lachs darin für etwa 8 Minuten erhitzen.

3 Halbieren Sie die Avocado und entfernen Sie den Kern. Danach das Fruchtfleisch mit einem Löffel aus der Schale heben und anschließend in Spalten schneiden.

4 Den Sesam in einer Pfanne ohne Fett anrösten und den Spinat waschen. Nach dem Waschen trocken schütteln und in passende Schüsseln füllen. Dann den Lachs und die Avocado auf dem Spinat anrichten.

5 Die Zitrone abwaschen und in Scheiben schneiden. Den Lachs mit den Zitronenscheiben einreiben. Träufeln Sie auch etwas Zitronensaft auf die Avocado. Die leckere Bowl mit Sesam garnieren und genießen.

FRISCHER FISCH MIT BROKKOLI UND HONIGSAUCE

 1 Port.

 25 Min.

 Leicht

Zutaten

200 g Kartoffeln
150 g Brokkoli
1 Stiel frische Petersilie
1 Stück Schalotte
1 TL Rapsöl
½ EL Honig
100 ml Fischfond
40 ml Limettensaft
1 EL saure Sahne mit 10 % Fett
1 TL mittelscharfer Senf
1 Prise Pfeffer und Salz
2 Stiele frischer Thymian
75 g Kabeljau
1 Prise Muskatnuss

Nährwerte p. P.

485 kcal
13 g Fett
48 g Kohlenhydrate
34 g Eiweiß

1 Als Erstes die Kartoffeln schälen und anschließend für etwa 20 Minuten köcheln lassen. Den Brokkoli gut waschen und dann in kleine Röschen schneiden. Den Brokkoli für ca. 10 Minuten mitkochen. In der Zwischenzeit die Schalotte schälen, klein würfeln und in etwas Rapsöl anbraten.

2 Den Honig mit in die Pfanne geben und karamellisieren lassen. Dann mit dem Fond Stück für Stück ablöschen und den Limettensaft hinzugeben. Etwas köcheln lassen und die saure Sahne und den Senf untermischen. Alles mit Salz und Pfeffer abschmecken.

3 Waschen Sie den Thymian und den Fisch ab und würzen Sie das Fischfilet mit etwas Salz und Pfeffer. Den Fisch nun in einer Pfanne mit etwas Rapsöl anbraten. Nach etwa 3 Minuten den Thymian hinzugeben und anbraten.

4 Die gewaschene Petersilie klein hacken und über den Brokkoli geben. Dann mit Salz und Muskat verfeinern. Zuletzt alles auf einem Teller anrichten und genießen.

ZARTES SEELACHSFILET MIT GEMÜSE UND ZWIEBELSAUCE

1 Port. 30 Min. Leicht

Zutaten

100 g Seelachsfilet
Etwas scharfe Gewürzmischung
Etwas Salz

Für das Gemüse:
1 mittelgroße Zucchini
1 Karotte
1 Knolle Fenchel
1 grüne Paprika
1 Zwiebel
Etwas Kräutersalz

Für die Sauce:
1 Becher basische Kochsahne mit 7 % Fett
Etwas klare Gemüsebrühe
Etwas Salz und Pfeffer
Etwas Zitronengras
Röstzwiebeln

Nährwerte p. P.

465 kcal
26 g Fett
21 g Kohlenhydrate
26 g Eiweiß

1 Den Fisch mit Salz und der scharfen Gewürzmischung bestreuen. Die Zucchini, die Karotte, den Fenchel, die Paprika und die Zwiebel waschen und alles klein schneiden. Dann in einen Dampftopf geben. Etwas Kräutersalz über das Gemüse geben.

2 Nach ca. 10 Minuten den Seelachs mit zum Gemüse geben und dämpfen lassen.

3 Einen kleinen Topf nehmen und die Kochsahne erhitzen. 100 ml Wasser und die Gewürze hinzugeben. Dann die Röstzwiebeln mit in die Sauce geben.

4 Alles auf einem passenden Teller anrichten und genießen.

Vegane Hauptgerichte

KÖSTLICHE FRITTATA MIT FRISCHEM LAUCH UND SPINAT

4 Port.

30 Min.

Leicht

Zutaten

4 mittelgroße gekochte Kartoffeln
4 Eier
1 Stange Lauch
1 Handvoll Blattspinat
1 Bund Petersilie
1 Zwiebel
1 Knoblauchzehe
3 EL geriebener Mozzarella
Etwas Salz und Pfeffer
2 EL Olivenöl

Nährwerte p. P.

245 kcal
1 g Fett
51 g Kohlenhydrate
6 g Eiweiß

1 Den Backofen auf 200 Grad Celsius Ober-/Unterhitze vorheizen.

2 Die Kartoffeln kochen, bis sie weich sind. Danach werden sie geschält und in Scheiben geschnitten. Nun den Lauch waschen und in dünne Ringe schneiden. Den Spinat gründlich waschen und grob zerhacken.

3 Die Zwiebel und den Knoblauch schälen und fein hacken. Nun etwas Öl in einer Pfanne erhitzen und die Zwiebel und den Knoblauch darin anbraten. Jetzt kommen die Kartoffeln, der Lauch und der Spinat mit in die Pfanne.

4 Schlagen Sie dann die Eier auf und verquirlen Sie sie. Nun die Eier etwas salzen und ca. 1 EL Käse untermengen.

5 Waschen Sie die Petersilie und hacken Sie sie fein. Anschließend zu den Eiern geben.

6 Gießen Sie die Masse dann mit in die Pfanne und vermischen Sie alles gut. Füllen Sie alles in eine Tarte oder in eine Auflaufform und bestreuen Sie das Ganze mit dem restlichen Käse und der übrigen Petersilie.

7 Die Frittata braucht nun ca. 15 Minuten im Ofen.

FRISCHE PILZPFANNE MIT BROKKOLI UND KARTOFFELN

2 Port.

30 Min.

Leicht

Zutaten

1 Schuss Öl
1 mittelgroße Zwiebel
1 große Kartoffel
1 Kopf Brokkoli
6 mittelgroße Champignons
1 gehäufter TL Gemüsebrühe

Nährwerte p. P.

162 kcal
5 g Fett
15 g Kohlenhydrate
6 g Eiweiß

1 Eine große beschichtete Pfanne nehmen und etwas Öl darin erhitzen. Dann die Zwiebeln darin anschwitzen. Die Kartoffel in kleine Würfel schneiden und diese anbraten.

2 Wenn die Kartoffelwürfel fast fertig sind, den Brokkoli in Röschen schneiden und dazugeben. Anschließend die Pilze in feine Scheiben schneiden und untermischen. Die ganze Pfanne mit der Gemüsebrühe bestreuen.

3 Den Deckel auf die Pfanne legen und alles für weitere 5 Minuten dünsten lassen. Das Gericht ist fertig, wenn der Brokkoli die richtige Konsistenz für Sie erreicht hat.

FEINES PÜREE AUS BLUMENKOHL UND ERBSEN

1 Port.

30 Min.

Leicht

Zutaten

350 g Blumenkohl
450 g Erbsen
10 g Alsan
½ TL Salz
100 ml Gemüsebrühe oder Sojadrink
Nach Belieben 1 Prise Muskat

Nährwerte p. P.

212 kcal
1 g Fett
33 g Kohlenhydrate
20 g Eiweiß

1 Den Blumenkohl in feine Röschen schneiden und für eine halbe Stunde liegen lassen.

2 Dann reichlich Salzwasser in einem Topf zum Kochen bringen und den Blumenkohl darin kochen, bis er weich ist. Die Erbsen für 3-5 Minuten mitkochen.

3 Wenn alles weich gekocht ist, die Erbsen, den Blumenkohl und die restlichen Zutaten in einen Mixer geben und zu einem Püree verarbeiten.

VEGANES CHILI

3 Port. 20 Min. Leicht

Zutaten

2 Tassen rote Linsen
4 Tassen vegane Gemüsebrühe
Nach Belieben Gemüsebrühepulver
1 große gehackte Zwiebel
Etwas Öl
3 Paprikaschoten
Nach Belieben Bohnen
2 Dosen geschälte Tomaten
2 Zehen Knoblauch
1 Dose Mais
Nach Belieben etwas Mandelmus
Etwas Cayennepfeffer, Paprikapulver, Chilipulver, Meersalz und Pfeffer

Nährwerte p. P.

396 kcal
8 g Fett
60 g Kohlenhydrate
16 g Eiweiß

1 Vier Tassen Gemüsebrühe in einen Topf geben und die Linsen für 10 Minuten kochen.

2 Etwas Öl in einem Topf erhitzen und die Zwiebel, die Paprika und die Bohnen hinzugeben.

3 Die geschälten Tomaten, das Gemüsebrühepulver und den Knoblauch hinzugeben. Den Mais und zuletzt die Linsen dazugeben. Nach Wunsch noch etwas Mandelmus hinzugeben, damit es cremiger wird.

Leckere Desserts

FRISCHE DATTEL-ENERGYBALLS

20 Port.

15 Min.

Leicht

Zutaten

200 g entsteinte Datteln
100 g Haferflocken
100 g gefrorene oder frische Himbeeren
50 g Cashewnüsse
30 g Kokosraspel
5 g Chiasamen

Nährwerte p. P.

61 kcal
4 g Fett
6 g Kohlenhydrate
2 g Eiweiß

1 Zuerst die gefrorenen Himbeeren in den Mixer geben. Anschließend einfach die restlichen Zutaten hinzugeben. Nun alles gut mixen, bis eine dickere Masse entsteht.

2 Danach kleine Kügelchen aus dem Teig formen und diese anschließend in den Kokosraspeln wälzen.

3 Nun kommen die Kügelchen am besten über Nacht in den Kühlschrank, damit sie richtig fest werden. Fertig sind die leckeren Energyballs.

CREMIGES EIS AUS ERDBEEREN

2 Port.

15 Min.

Leicht

Zutaten

3 Bananen
200 g Erdbeeren

Nährwerte p. P.

165 kcal
8 g Fett
20 g Kohlenhydrate
1 g Eiweiß

1 Ganz einfach alle Zutaten klein schneiden und in den Mixer geben.

2 Dann pürieren, bis eine cremige Konsistenz entstanden ist.

FRUCHTIGE MOUSSE AUF MANGO

6 Port.

15 Min.

Leicht

Zutaten

1 Mango
200 g Soja-Quark
2 EL Sirup oder ein anderes Süßungsmittel
200 ml pflanzliche Sahne
80 ml Pflanzenmilch oder Wasser
1 TL Agar-Agar
Brombeeren und Kokosraspel zum Garnieren

Nährwerte p. P.

117 kcal
7 g Fett
10 g Kohlenhydrate
3 g Eiweiß

1 Zunächst die Mango schälen und in kleinere Stücke schneiden. Dann werden die Stückchen in einen Mixer gegeben und zu feinem Püree verarbeitet.

2 Im Anschluss den Quark und das Süßungsmittel hinzufügen und alles zu einer cremigen Masse verrühren.

3 Die Sahne in ein hohes Gefäß füllen und mit einem elektrischen Handmixer steifschlagen.

4 Das Agar-Agar in einen kleinen Topf geben und mit der Milch verrühren, bis es sich richtig aufgelöst hat. Bringen Sie das Ganze dann zum Kochen und lassen Sie es dann etwa 2 Minuten leise köcheln.

5 Den Topf dann vom Herd nehmen und die Mischung schnell unter die restliche Creme rühren. Im Anschluss kommt direkt die Sahne dazu. Die Sahne wird nur vorsichtig untergehoben.

6 Die Mousse dann sofort in die Gläser füllen. Stellen Sie die Mousse direkt für mindestens eine Stunde in den Kühlschrank, bis es richtig schön fest geworden ist.

7 Beim Servieren nach Belieben noch mit Beeren und Kokosraspeln garnieren.

LECKERE CREME MIT SCHOKO UND AVOCADO

2 Port.

10 Min.

Leicht

Zutaten

1 Avocado (ca. 170 g)
1 Banane
2–3 EL Kakaopulver
4 EL Mandelmilch
3 EL Agavendicksaft
1 Prise Salz

Nährwerte p. P.

192 kcal
18 g Fett
5 g Kohlenhydrate
2 g Eiweiß

1 Die Avocado halbieren und den Kern entfernen. Das Fruchtfleisch mit Hilfe eines Löffels aus der Schale holen.

2 Die Banane schälen und in kleine Stückchen teilen. Die Banane zur Avocado hinzugeben.

3 Das Kakaopulver, die Mandelmilch, den Agavendicksaft und das Salz hinzufügen. Alles in einem Mixer oder, noch besser, mit einem Stabmixer pürieren.

4 Die Creme in zwei Gläser füllen. Die Gläser in den Kühlschrank stellen, bis sie serviert werden.

LECKERER CAROB-PUDDING

1 Port.

10 Min.

Leicht

Zutaten

1 mittelgroße Banane
2 Datteln
1 EL Chiasamen
1 EL Flohsamenschalen
1–2 EL Carob
1 Tasse Wasser

Nährwerte p. P.

249 kcal
15 g Fett
31 g Kohlenhydrate
5 g Eiweiß

1 Die Banane in kleine Stücke schneiden und dann die Datteln hinzugeben. Beides mit Wasser in einen Mixer geben und pürieren.

2 Das Carob-Pulver hinzugeben und erneut pürieren.

3 Im Anschluss die Chia- und Flohsamen hinzugeben und alles erneut pürieren. Etwas quellen lassen und genießen.

Fingerfood & Snacks

KNUSPRIGE BRATLINGE AUS HAFERFLOCKEN MIT KAROTTE UND PAPRIKA

8 Port.

30 Min.

Leicht

Zutaten

150 g Haferflocken
100 g Karotte
½ Paprika
1 rote Zwiebel
100 ml Wasser
1 TL Paprikapulver
½ TL Salz
½ TL Chiliflocken
½ TL Knoblauchpulver

Nährwerte p. P.

149 kcal
4 g Fett
23 g Kohlenhydrate
4 g Eiweiß

1 Die Karotte schälen und fein raspeln. Die Zwiebel schälen und zusammen mit der Paprika in kleine Stücke schneiden.

2 Das Gemüse in eine große Schüssel füllen und die Haferflocken dazugeben. Die Gewürze hinzufügen und alles gut vermischen.

3 Das Wasser dazugeben und alles umrühren. Nun für mindestens 10-15 Minuten ziehen lassen.

4 Ihre Hände anfeuchten und aus der Masse etwa 8 Bratlinge formen. Etwas Öl in einer Pfanne erhitzen und die Bratlinge von beiden Seiten anbraten, bis sie knusprig sind.

LECKERE TALER MIT GEMÜSE

12 Port. 30 Min. Leicht

Zutaten

250 g gefrorenes Gemüse (z. B. Kaisergemüse)
150 g geschälte Kartoffeln
100 g Weißbrot
1 Ei, Größe L
100 g geriebener Käse
10 g Petersilie
Nach Belieben Muskatnuss
Etwas schwarzer Pfeffer

Nährwerte p. P.

149 kcal
4 g Fett
23 g Kohlenhydrate
4 g Eiweiß

1 Die Kartoffeln schälen und in kleine Würfel schneiden. Das Gemüse auftauen lassen. Frisches Gemüse in kleine Stücke schneiden.

2 Wasser in einem Topf zum Kochen bringen und die geschälten Kartoffeln für 2 Minuten hineingeben. Die Temperatur ein wenig reduzieren, so dass das Wasser nicht mehr kocht.

3 Das Gemüse für 2 Minuten dazugeben. Das Wasser abgießen und die Kartoffeln und das Gemüse in einen Mixer geben und zu Püree verarbeiten.

4 Das Brot in kleine Würfel schneiden und die Petersilie fein hacken. Beides mit dem Ei und dem Käse in eine größere Schüssel füllen.

5 Alles zusammenmischen und je nach gewünschter Größe 10-12 Taler aus der Masse formen.

6 Im Anschluss ein Backblech mit Backpapier auslegen und die Taler darauf verteilen.

7 Den Ofen auf 180 Grad Celsius Umluft vorheizen und die Taler für etwa 20 Minuten backen.

MARINIERTER BLUMENKOHL

4 Port. 25 Min. Leicht

Zutaten

60 g Kichererbsenmehl
60 g Pflanzenmilch
60 g scharfe Chilisauce
1 TL Zwiebelpulver
1 TL Knoblauchpulver
½ TL Meersalz
½ TL geräuchertes Paprikapulver
1 EL Öl
600 g Blumenkohl
Etwas milde Chilisauce
Veganes Dressing zum Dippen

Nährwerte p. P.

155 kcal
11 g Fett
25 g Kohlenhydrate
4 g Eiweiß

1 Den Blumenkohl in Röschen schneiden und in eine Schüssel füllen. Eine mittelgroße Schüssel nehmen und das Mehl, die Milch, die Chilisauce, die Gewürze und das Öl hineingeben.

2 Den angerührten Teig über den Blumenkohl gießen und alles gut mischen.

3 Etwas Öl auf den Boden der Fritteuse sprühen und die Blumenkohlröschen hineingeben. Dann für 15 Minuten bei180 Grad Celsius Ober-/Unterhitze backen.

4 Die Röschen dann mit einem leckeren Dressing servieren.

WÜRZIGE KICHERERBSEN

2 Port.

15 Min.

Leicht

Zutaten

400–500 g gekochte Kichererbsen (aus der Dose)
2 EL Olivenöl
Etwas Paprikapulver, Knoblauchpulver, Kräuter und Gewürze nach Belieben
Etwas Salz

Nährwerte p. P.

263 kcal
5 g Fett
31 g Kohlenhydrate
17 g Eiweiß

1 Die Kichererbsen als Erstes trocken tupfen und danach in ein geschlossenes Glas geben. Im Anschluss das Salz, das Olivenöl und die Gewürze untermischen.

2 Das Gefäß gut verschließen und alles schütteln, damit sich die Gewürze gut vermischen.

3 Ein Backblech mit Backpapier auslegen und die Kichererbsen gut darauf verteilen.

4 Heizen Sie den Ofen auf 200 Grad Celsius Ober-/Unterhitze vor und geben Sie die Kichererbsen für etwa 40 Minuten in den Ofen.

Getränke

KÖSTLICHER EISTEE FÜR DEN SOMMER

2 Port.

15 Min.

Leicht

Zutaten

3 Orangen
1 Apfel
2 Karotten
3 cm Ingwer

Nährwerte p. P.

210 kcal
0 g Fett
49 g Kohlenhydrate
1 g Eiweiß

1 Die Orange schälen und alle Kerne entfernen. Den Apfel waschen und in Viertel schneiden. Dann die Kerne entfernen.

2 Die Karotten und den Ingwer schälen und beides in kleine Stückchen schneiden.

3 Alle Zutaten gemeinsam in einen Entsafter geben und fertig ist der Saft.

GOLDENE MILCH

1 Port.

15 Min.

Leicht

Zutaten

1–2 cm frischer Ingwer
2 TL Kurkuma
½ TL Zimt
1 Prise schwarzer Pfeffer
250 ml Mandelmilch
¾ TL Kokosöl
1 Spritzer Ahornsirup

Nährwerte p. P.

140 kcal
5 g Fett
12 g Kohlenhydrate
7 g Eiweiß

1 Den Ingwer fein reiben. Dann alle anderen Gewürze zum Ingwer geben. 2 EL Mandelmilch dazugeben und alles gut vermengen.

2 Den Rest der Milch erwärmen und mit der Gewürz-Masse mischen. Dann in einen Mixer geben, das Kokosöl hinzugeben und alles mixen.

3 Alles in eine Tasse geben und warm trinken.

GREEN SMOOTHIE MIT KRÄUTERN

1 Port.

15 Min.

Leicht

Zutaten

2 Handvoll Brennnesseln und Giersch
3–4 kleine Blätter Löwenzahn
5–6 Zweige frische Minze und Zitronenmelisse
1 Birne
150 g Ananas
1 getrocknete Feige
Saft einer Zitrone und einer Orange
1 TL Kokosöl
350 g Wasser
Nach Belieben Eiswürfel

Nährwerte p. P.

130 kcal
0 g Fett
32 g Kohlenhydrate
1 g Eiweiß

1 Alle Zutaten zubereiten und in einen Mixer füllen.

2 Danach ca. 30 Sekunden mixen und gemeinsam mit Eiswürfeln servieren.

ERFRISCHENDER ANANASSAFT

1 Port.

10 Min.

Leicht

Zutaten

200 g geschälte Ananas
180 g Birne mit Schale
150 g geschälte Orange
20 g Bio-Limette mit Schale
5 g Ingwer mit Schale

Nährwerte p. P.

285 kcal
0 g Fett
71 g Kohlenhydrate
1 g Eiweiß

1 Die Ananas und die Orange gut schälen. Die übrigen Zutaten abwaschen und nun alles in den Entsafter geben.

2 Den Ananassaft im Kühlschrank aufbewahren und innerhalb von 24 Stunden trinken.

CREMIGER MANGO-LASSI

2 Port.

15 Min.

Leicht

Zutaten

1 Mango
200 g veganer Joghurt
200 g Pflanzenmilch

Nährwerte p. P.

165 kcal
5 g Fett
25 g Kohlenhydrate
8 g Eiweiß

1 Als Erstes die Mango schälen und in kleine Stücke schneiden. Dann mit einem Mixer pürieren.

2 Nun das Püree in die Gläser geben. Danach je den Joghurt und die Milch hinzugeben und alles mit einem Strohhalm servieren. Direkt vor dem Trinken dann mischen.